Wilhelm Dahms

Die Lübecker Bürgergarde

Erinnerungen und Anekdoten

SEVERUS

Dahms, Wilhelm: Die Lübecker Bürgergarde
Hamburg, SEVERUS Verlag 2014

ISBN: 978-3-86347-959-6
Druck: SEVERUS Verlag, Hamburg, 2014
Nachdruck der Originalausgabe von 1932

Der Text wurde aus Fraktur übertragen. Die Orthographie wurde behutsam modernisiert, grammatikalische Eigenheiten bleiben gewahrt. Die Interpunktion folgt der Druckvorlage.

Der SEVERUS Verlag ist ein Imprint der Diplomica Verlag GmbH.

Bibliografische Information der Deutschen Nationalbibliothek:
Die Deutsche Nationalbibliothek verzeichnet diese Publikation in der Deutschen Nationalbibliografie; detaillierte bibliografische Daten sind im Internet über http://dnb.d-nb.de abrufbar.

Die Lübecker Bürgergarde

Erinnerungen und Anekdoten

gesammelt
in den Vaterstädtischen Blättern
(Lübeckische Anzeigen)
von
Wilhelm Dahms

mit einer Einleitung von August Düffer

SEVERUS

Inhalt

Abbildungen

Bürgergardist an der Holstentorwache um 1845

Mit Durchblick auf die Puppenbrücke, die Holstentortürme und Petrikirche

Nach einem Aquarell von C. Stolle

Vorwort

In den ersten Jahrgängen der Vaterstädtischen Blätter, der Beilage zu den Lübeckischen Anzeigen und Lübecker Zeitung, die seit 1896 erschienen, sind eine Reihe von ernsten Erinnerungen und heiteren Anekdoten über die 1867 aufgelöste Lübecker Bürgergarde enthalten. Diese zu sammeln, so lange noch Erzähler aus jenen Tagen unter uns weilen und damit einen Beitrag zur Lübecker Volkskunde zu leisten, ist der Zweck dieses Büchleins.

Die am 12. Januar 1814 begründete Lübecker Bürgergarde war eine aus Bürgern aller Stände gebildete, von angesehenen Männern geführte Sicherheits- und Ehrenwache der Stadt Lübeck, die besonders in Kriegszeiten, wenn das Militär fehlte oder bei Unruhen innerhalb und außerhalb der Stadt einzugreifen hatte. Sie war bald nach den Freiheitskriegen nach dem Vorbilde gleicher Bürgerwehren in anderen Großstädten, in denen es wie in Lübeck an ausreichenden Ordnungsmannschaften der Polizei fehlte, entstanden.

Neben der „Bürgergarde“ stand das „Lübeckische Kontingent“, dessen Fahne in der Marienkirche hängt, während die Fahnen der Bürgergarde sich im Rathaus befinden. Das Kontingent war das eigentliche aktive Militär, die Bürgergarde dagegen, wie oben erwähnt, für den inneren Schutz der Stadt bestimmt.

Diese Schrift kann nur in großen Zügen Nachrichten über die Organisation der Bürgergarde, die den militärischen Charakter jener Zeit der ersten Hälfte des neunzehnten Jahrhunderts trug, bringen. Der ernste Charakter der Bewaffnungs-Deputation des Senates und der Truppe selbst wird durch die angeschlossenen harmlosen im Volksmunde verbreiteten Anekdoten nicht beeinträchtigt.

Lübeck, im Oktober 1931

Der Herausgeber

Erinnerungen

Über Gründung und innere Organisation der Lübecker Bürgergarde von 1814 bis 1867

Nachdem endlich im Dezember 1813 die französische Besatzung Lübeck endgültig verlassen hatte und nun die gänzlich ausgeplünderte, verarmte Stadt versuchen mußte, ihre altgewohnte Ordnung wieder herzustellen, erschien es dem Rat und der Bürgerschaft notwendig, „zur zeitgemäßen Ausbildung und Erweiterung der für innere Ruhe und Sicherheit schon früher bestandenen Einrichtungen eine allgemeine Bewaffnung zu belieben."[1] Der Hochedle Rat ließ am 21. September 1814 eine im Einvernehmen mit der Ehrliebenden Bürgerschaft beschlossene Verordnung ergehen über die „Bewaffnungs-Einrichtungen in der freien Hansestadt Lübeck und deren Gebiet" in der „zuversichtsvollen Überzeugung, daß die darin getroffenen heilsamen Anordnungen, durch deren Befolgung auch unsere Stadt zu der neuen Ermannung und Wehrhaftmachung des deutschen Volkes das Ihrige beiträgt, mit dem bereits unter uns bewährten Sinne von jedem Bürger und Einwohner werden beobachtet werden".

1 Bis 1812 im Februar bestand schon eine aus 26 Kompagnien zusammengesetzte Bürgerwehr, die damals samt dem Lübeckischen Kontingent von den Franzosen aufgehoben wurde.

Dieser Verordnung gemäß trat die nach den Gassen in 14 Kompagnien eingeteilte Bürgergarde ins Leben; ebenso die Bewaffnungs-Kasse, in die jeder Einwohner, der vom Dienste befreit war, auch Witwen, die ein Gewerbe betrieben oder Vermögen besaßen, sowie Unmündige mit Vermögen alle 14 Tage einen Wehrbeitrag, nach 5 Klassen von 2 Schilling bis zu 1 Mark oder 12 Schilling gestuft, zu zahlen hatte. Vom 29. Oktober 1842 an hatten die zum aktiven Dienst verpflichteten Bürger, die auf Reklamation davon befreit wurden, eine einmalige Abgabe in Höhe von 18–16 ℳ. , je nach den Verhältnissen des Befreiten, an die Bewaffnungskasse zu zahlen.

Auch für das Landgebiet, außerhalb der Tore, wurde eine Wehr, die Landwehr, eingerichtet, die sich in 5 Bezirke teilte, Ritzerauer, Mühlentor- , Holstentor- , Burgtor- und Travemünder Bezirk, und zu der alle waffenfähigen Landbürger oder Einwohner herangezogen wurden.

Eine 31 Quartseiten umfassende Exerzier-Ordnung für die Bürgergarde erschien am 8. November 1814. Sie enthält den ganzen Dienst bis ins hochinteressante Einzelne. Wir entnehmen daraus nur, daß das Laden des Gewehrs in 12 Tempos geschah nach den Kommandos: Ladets – Gewehr! Öffnet – Pfann! Ergreift – Patron! Öffnet – Patron! Pulver – auf Pfann! Schließt – die Pfann! Schwenkts – Gewehr! Patron – in Lauf! Zieht aus – den Ladestock! Stoßt – die Ladung! Ladestock – an Ort! Auf Schulter – das Gewehr! Auf den Befehl: Öffnet – Pfann! erfolgt ein Tempo und eine Bewegung: Die Pfanne wird mit dem Daumen der rechten Hand scharf aufgestoßen; die rechte Hand wird darauf zwischen den Kolben und den Leib durch an die Patrontasche gebracht, welche sie öffnet und auf das Kommando: Ergreift – Patron! eine Patrone zwischen dem Daumen und dem Zeigefinger ergreift und sie, zwischen den Kolben und den Leib durch zwischen die Zähne bringt. Es folgt nun der Befehl: Öffnet – Patron! Die Patrone wird da, wo das Papier zusammengedreht ist, abgebissen und dann senkrecht neben der Pfanne gehalten, den rechten Vorderarm längs dem Kolben. Auf das weitere: Pulver – auf Pfann! wirft man einen kurzen Blick auf die Pfanne, schüttet Pulver auf dieselbe, so daß die innere Höhlung ganz bedeckt ist und drückt mit dem Daumen und Zeigefinger den geöffneten Teil der Patrone zu; man bringt darauf die geöffneten zwei letzten Finger der rechten Hand hinter die Pfanne, die nun auf weiteres Kommando geschlossen wird. – Ferner entnehmen wir daraus, daß beim Marsch in einer Minute 76 Schritte zurückgelegt werden.

Ein zweiter Teil der Exerzier-Ordnung (30 Quartseiten) erschien am 20. Dezember 1814. Enthielt der erste Teil die Anleitung zur Ausbildung der einzelnen Gardisten ohne und mit Gewehr, sowie die Ausbildung eines Trupps, so handelte der zweite Teil von der Aufstellung einer Kompagnie, eines Bataillons oder der ganzen Bürgergarde, vom Front- und Flankenmarsch, vom Aufmarsch in die Schlachtlinie, vom Angriff und der Bildung eines Karrees und deren verschiedenen Arten.

Am 21. Oktober 1829 erschien eine weitere Bekanntmachung des Hochedlen Rats, die künftige Einrichtung der Bürgergarde betreffend, mit folgender Einleitung:

„Nachdem ein Hochedler Rat Sich bewogen gefunden, auf einige die weitere Ausbildung der Bürgergarde bezweckende und zugleich den Dienst der Wehrpflichtigen erleichternde Veränderungen in der bisherigen Organisation derselben Bedacht zu nehmen und zu dem Ende die Verordnung vom 21. September 1814 im Einvernehmen mit der Ehrliebenden Bürgerschaft revidiert worden, bringt Hochedler Rat die desfalsige Ordnung, so wie Solche besonders abgedruckt und der Gesetz-Sammlung einverleibt ist, hierdurch zur allgemeinen Kenntnis.

Die Bewaffnungs-Deputation ist mit der Vollziehung gegenwärtiger Verordnung beauftragt. Sie wird Denjenigen, welch zufolge derselben entweder vom persönlichen Dienst in der Bürgergarde gänzlich befreiet werden oder vom aktiven Dienst in die Reserve übertreten, Entlassung oder Versetzung zufertigen und haben sie bis dahin den Dienst in der bisherigen Weise einstweilen noch fortzusetzen.

Zugleich erneuert ein Hochedler Rat den Inhalt der Bekanntmachungen vom 2. März 1816 und 18. März 1820, wonach Veräußerungen, auch Verpfändungen der Waffenstücke und der vorgeschriebenen Uniformen der Wehrpflichtigen ernstlich untersagt worden sind, auch gegen die Teilnehmer durch Ankauf oder Ansichbringen solcher Gegenstände nach Lage der Umstände mit Geld- oder Gefängnisstrafen verfahren werden soll.

Hinsichtlich der Bewaffnung im Stadtgebiet bleibt es bei den deshalb bestehenden Einrichtungen und Vorschriften, namentlich bei dem Inhalte der Verordnung vom 25. Februar 1815.

Gegeben Lübeck, in der Ratsversammlung, den 21. Oktober 1829.

C. H. Gütschow, Secretarius."

Die neue Verordnung, die mit im Laufe der Zeit erfolgenden geringen Veränderungen bis zur Auflösung der Bürgergarde am 31. Oktober 1867 in Kraft blieb, umfaßte in

76 Paragraphen den Zweck, die Einteilung, Bewaffnung und Dienstkleidung, die Waffenübungen und allgemeinen Dienstvorschriften, setzte die aus zwei Ratsmitgliedern, vier Bürgern und dem Obrist-Leutnant der Bürgergarde bestehende Bewaffnungs-Deputation ein und umschrieb deren Befugnisse und handelte weiter von den Vergehungen und Strafen. Darnach hatte die Bürgergarde in allen Fällen, in denen die Wirksamkeit der bewaffneten Macht in Anspruch genommen wurde und die gewöhnlichen Anstalten nicht ausreichten, dem gemeinen Wesen Schutz und Hülfe zu gewähren, nach Umständen gemeinschaftlich mit der Mannschaft aus dem Gebiete (Landgebiet) und mit der Garnison, oder auch allein den Dienst zu versehen und Ruhe und Sicherheit im Innern zu erhalten. Berechtigt und verpflichtet zum Eintritt in die Bürgerwehr waren alle Bewohner der Stadt von der Zeit an, da sie das Bürger- oder Einwohnerrecht erworben hatten bis zum vollendeten 45. Lebensjahre mit Ausnahme der Mitglieder des Senats, der Syndizi und Sekretäre, der Mitglieder des Oberlandesgerichts und dessen Sekretäre, der Prediger und Predigtamtskandidaten, der Ärzte und Apotheker, der öffentlich angestellten Schullehrer und einiger anderer Kategorien. Die Knochenhauer und Pferdekäufer hatten daneben auch noch ihre besondere Verpflichtung zum Dienst zu Pferde. Vorschriftsmäßige Dienstkleidung und Waffen hatte jeder auf eigene Kosten anzuschaffen. Die Wehr bestand aus einem aktiven und einem Reservebataillon, jedes Bataillon zu vier Kompagnien; jede Kompagnie hatte einen Hauptmann, einen Premier-Leutnant, drei Sekonde-Leutnants, einen Feldwebel, zehn Unteroffiziere und zehn Gefreite, jedes Bataillon einen Major als Bataillonschef, zwei Adjutanten und einen Fahnenträger; das aktive Bataillon auch acht Sappeurs. Den Oberbefehl

über beide Bataillone hatte der Obrist-Leutnant, der aus der Bürgerschaft auf verfassungsmäßigem Wege ernannt wurde; ihm zur Seite stand eine diensterfahrene Militärperson als Adjutant mit Hauptmannsrang. Nur diese beiden Offiziere erhielten ein Gehalt. Ferner erhielten Löhnung und freie Dienstuniform der Stabsfeldwebel, der Ober-Tambour und zehn Tamboure, sowie die aus diensterfahrenen Bürgern oder Militärpersonen erwählten Feldwebel des aktiven Bataillons. Alle Wehrpflichtigen sind verpflichtet, die sie betreffenden Wahlen anzunehmen.

Am 18. Oktober 1848 trat der mancherlei Unruhen halber eine freiwillige Bürgerwehr zusammen, die die Aufgabe hatte, die Bürgergarde bei Aufrechterhaltung der Ruhe und Ordnung in der Stadt zu unterstützen. Zu demselben Zwecke hatte sich schon im April ein freiwilliges Schützenkorps gebildet; für beide erließ der Senat besondere Bestimmungen. Das Schützenkorps wurde als selbständige Abteilung der freiwilligen Bürgerwehr eingereiht, die als solche zur Disposition des Oberbefehlshabers der Bürgerwehr gestellt wurde. Die Verordnung vom 21. Oktober 1829 besagt in ihrem § 39, daß die Bürgergarde oder ein Teil derselben nur auf schriftliche Order des Rats an die Bewaffnungs-Deputation unter die Waffen treten könne. Diese Bestimmung wurde unter dem 21. November 1848 dahin geändert, daß es dazu in der Regel eines besonderen Befehls des Senates oder des dirigierenden Bürgermeisters bedürfe: „In dringenden Fällen haben die Höchstkommandierenden der Bürgergarde und der freiwilligen Bürgerwehr jedoch die Befugnis, ersterer auch die Pflicht, ihre Corps zu versammeln und bei außerordentlicher Gefahr, da ein höherer Befehl nicht sollte erteilt oder verwirkt werden können, zu verwenden."

Am 16. Juli 1860 wurde verordnet, daß der § 30 hinsichtlich der zweimal im Jahre vorzunehmenden Waffenübungen des aktiven Bataillons dahin abgeändert werde, daß unter Wegfall der bisherigen Herbstübungen des ganzen Bataillons fortan nur eine und zwar im Frühling stattfinden sollte; ferner wurde die Bürgergarde des regelmäßigen Dienstes bei Feuersbrünsten enthoben. Der regelmäßige Wachdienst war schon seit 1842 erheblich eingeschränkt worden.

Allgemeine Waffenübungen für das aktive Bataillon, zu denen die neu eintretende Mannschaft einige Monate vorher gehörig vorbereitet (gedrillt) wurde, fanden bis 1860 zweimal jährlich statt und zwar zu Anfang des Sommers, an sechs Wochentagen und im Herbste an zwei Wochentagen und je einem Sonntag. Außerdem waren über beide Bataillone jährlich zwei Musterungen zu halten. (Soweit diese Waffenübungen auf dem Burgfelde stattfanden, erfreuten sie sich großer Beliebtheit der Bevölkerung, die namentlich auch bei der jeweiligen Schlußparade in Massen dazu erschien.)

Die Strafen für Dienstvergehen gliederten sich außer einfachen Verweisen in Strafdienste, Arrest, (up de Wach!) öffentlichen Verweis (in der Regel mit Arrest verbunden), Herabsetzung in den Graden (Degradierung), die der gesamten Bürgergarde mittelst Tagesbefehl bekannt gemacht wurde, und die Ausschließung von der Bewaffnung, die dem Schuldigen vom Auditeur (Gerichtsherrn) vor der Front seines Bataillons vorgelesen wurde. Die Verletzung der Dienstpflichten der Offiziere und Unteroffiziere wurden schärfer geahndet als die der übrigen Wehrmänner. Die einzelnen Dienstvergehen und deren Bestrafung wurde in der Verordnung eingehend in 20 Paragraphen aufgeführt. Der Arrest wurde bei gröberen Verstößen verschärft (strammer Arrest „bei Wasser und Brot"). Der Delinquent erhielt dann lediglich einen Krug Wasser und ein trockenes Schwarzbrot einen um den andern Tag.

Über die Bewaffnung und Dienstkleidung wurden folgende Bestimmungen getroffen: Waffen und Lederzeug der Bürgergarde bestehen in Infanteriegewehren, schwarzen Patrontaschen und Bajonettscheiden an weißen Gehängen. Die Feldwebel und Unteroffiziere tragen außerdem kurze Säbel; die Offiziere führen Degen. Die Dienstkleidung besteht in einem Uniformrocke von dunkelblauem Tuche mit roten Vorstößen, einem weiten Beinkleide von gleichem Tuche mit roten Streifen und einem Tschako. Die Uniformen der Offiziere, Unteroffiziere usw. sind mit angemessenen Unterscheidungszeichen zu versehen. Waffen und Lederzeug sind der Waffenniederlage zu entnehmen; auf Wunsch wird auch der Tschako geliefert; der Wert dieser Sachen ist bei der Bewaffnungskasse zu hinterlegen, jedoch werden diese Armaturstücke den über 38 Jahre alten Bürgern, die im Reservebataillon dienen, unentgeltlich geliefert, sie sind jedoch nach jedesmaligem Gebrauch zurückzuliefern. – Die Munition wurde auf öffentliche Kosten angeschafft und nach Erfordernis verteilt. Uniformierung und Bewaffnung fanden im Laufe der Jahre mehrfache Abänderung.

Allgemein bekannte Mitglieder der Bürgerwehr waren Oberstleutnant Heinrich Ahrens, der am 22. Oktober 1862 in den Ruhestand trat und von der Bewaffnungskasse ein Ruhegehalt von 2500 ℳ. bezog und Hauptmann Herm. Friedr. Ludw. Fink, der am 31. Dezember 1862 als solcher aus dem Offizierkorps des Lübeckischen Kontingents ausgetreten und mit einem Gehalte von 2250 ℳ. jährlich zum Oberadjutanten der

Fahnen der Lübecker Bürgergarde
(im Audienzsahl des Senats)

Bürgergarde berufen wurde. Ferner der Stabsfeldwebel und Rechnungsführer Hans Christ. Carl Reinboth, der als solcher 1500 ℳ. Gehalt jährlich bezog, und der Obertambour Ewald Mich. Langhoff, der mehr als 50 Jahre im Kontingent und Bürgerwehr gedient hat. Zur Beleuchtung der damaligen Gehaltsverhältnisse sei hier ebenfalls sein Gehalt genannt, er bekam als Obertambour jährlich 360 ℳ. und als Bote der Bewaffnungskasse jährlich 120 ℳ. . Diese vier erhielten nach Auflösung der Bürgergarde am 1. November 1867 ihre bisherigen Bezüge als Wartegeld weiter. Die letzten allgemeinen Waffenübungen des aktiven Bataillons fanden im Frühjahr 1867 am 21., 23., 28. und 31. Mai und am 4. und 6. Juni nachmittags 5 ½Uhr auf dem Kaufberge (Geibelplatz) statt. Ihnen folgte am 16. Juni mittags 12 Uhr die Parade (allgemein die große Parade genannt) auf dem Burgfelde.

Über ernste und heitere Vorkommnisse und Erlebnisse innerhalb der Bürgergarde unterrichten nachfolgende Blätter.

August Düffer

Die Wahl der Offiziere

erfolgte durch den Senat auf Vorschläge der Bewaffnungs-Deputation. Die erfolgte Wahl wurde letzteren in einfachster Weise mitgeteilt:

Schriftliche Senatsmitteilung an die Bewaffnungs-Deputation.
Auf den Abseiten der Bewaffnungs-Deputation mittelst Protokoll Auszuges d. 30 m. p. erfolgten Vorschlag zur Wiederbesetzung der durch die Entlassung von Daniel Eschenburg erledigten Hauptmannsstelle in der ersten Jäger-Kompagnie der Bürgergarde hat ein hochedler Rat dekretieret und von den Vorgeschlagenen den bisherigen Premier-Lieutenant Jacob Martin Maret zum Hauptmann der ersten Jäger-Compagnie der Bürgergarde Obrichkeitlich wiederum erwählet.

Decretum in Senatu Lubecensi, d. 12. Dez. 1827

Die Fahnenübergabe 1815

Am 18. Oktober 1815 wurden der Bürgergarde durch den Senat und der Bürgerschaft vier Fahnen, für jedes der vier Bataillone eine, überreicht.

Die Überreichung geschah nach folgendem

Plan

Feierliche Überreichung der Fahnen für die Bürgergarde

Die Kompagnien der Bürgergarde versammeln sich am Mittwoch, den 18. Oktober, morgens präzise 11 Uhr, vor den Wohnungen der Herren Kapitäne. Um 11½ Uhr treffen die Kompagnien eines jeden Bataillons auf dem von dem Major des Bataillons zu bestimmenden Sammelplatz ein.

Um 12 Uhr präzise marschieren die 4 Kompagnien zum Burgtor hinaus, woselbst sie sich so aufstellen, daß der rechte Flügel der Bürgergarde sich an den Israelsdorfer Weg lehnt, die Front gegen den .Kirchhof. Ein jedes Bataillon detachiert vor dem Ausmarsch aus der Stadt 2 Sekonde-Leutnants, 4 Unteroffiziere und 24 Gardisten in Uniform nach dem Paradeplatz. Dieses Detachement begibt sich unter Anführung eines zu ernennenden .Kapitäns mit dem Musikchor nach dem Rathause, woselbst es die im Audienzsaal aufbewahrten Fahnen in Empfang nimmt.

Jede Fahne wird von einem Offizier getragen. Diese vier Offiziere begeben sich in die Mitte des Detachements, welches unter dem Geläute der Glocken aller Kirchen zum Burgtor hinaus-marschiert. Wenn die Fahnen draußen angekommen, wird von der Bürgergarde mit präsentiertem Gewehr salutiert und die Trommelschläger schlagen den Parademarsch.

Die Fahnen stellen sich der Bürgergarde gegenüber auf, und zwar in der Entfernung von 40 Schritten. Die vier zugführenden Offiziere des Detachements, nebst den Unteroffizieren und Gardisten, treten wieder in ihre Kompagnien ein. Die vier Reserve-Kompagnien stellen sich in vier Glieder, die erste und dritte rechts, die zweite und vierte links neben die Fahnen.

Sobald alles in Ordnung ist, berichtet der Ober-Adjutant solches der Deputation, welche sich darauf außerhalb des Burgtors, und zwar vor die Fahnen begibt und an welche sich der Auditeur anschließt. Die Ankunft der Deputation wird von der Bürgergarde salutiert.

Die vier Majore nebst sämtlichen Hauptleuten, traten der Deputation gegenüber, die vier ersten Feldwebel hinter diese. Der Präses der Deputation hält eine Anrede, wodurch dem 20. Paragraphen der allgemeinen Verordnung über die Bewaffnungs-Einrichtungen gemäß, an den heilsamen Zweck derselben erinnert wird; worauf die Majore und Hauptleute durch Auslegung der Säbel auf die gesenkten Fahnen geloben, diese, und die durch Rat und Bürgerschaft beliebte Verordnung stets heilig zu halten, und die gesamte Bürgergarde, durch den Ausruf: Wir geloben es! solches ebenfalls versichert.

Der Präses der Deputation übergibt hierauf jedem der Majore die Fahnen seines Bataillons, welcher sie sodann dem ersten Feldwebel reicht.

Die Majore und Adjutanten setzen sich zu Pferde, das Karree wird geöffnet und die Schlachtlinie wieder hergestellt, die Majore setzen sich hinter ihre Bataillone. Die vier Feldwebel marschieren mit den Ober-Adjutanten, den vier Bataillons-Adjutanten, mit der Musik und den Trommelschlägern, vom rechten Flügel längs der Front der Bürgergarde.

Wenn der Zug an das erste Bataillon herankommt,

wird von demselben salutiert. Ist der Zug in der Mitte des ersten Bataillons angekommen, so wird Halt gemacht, der Feldwebel des ersten Bataillons tritt aus und senkt die Fahne gegen das Bataillon, welches sie mit einem dreimaligen Hurra bewillkommt. Dann tritt der Feldwebel mit der Fahne in die Mitte des Bataillons ein, woselbst die anderen Feldwebel bereits aufgestellt sind.

Ebenso wird es bei jedem der folgenden Bataillone gehalten.

Dann wird in Parade vor der Deputation vorbeidefiliert. Die Bataillone marschieren nach der Stadt, und die Fahnen werden in den Wohnungen der Majore zur Aufbewahrung abgegeben.

Protokoll der Bewaffnungs-Deputation vom 6. October 1817

Da zufolge Dekrets eines Hochedlen Rats vom 4. d. M. künftig stets am 18. Oktober die gesamte Bürgergarde in Parade ausziehen wird, so beschließt die Bewaffnungsdeputation rücksichtlich des diesjährigen Aufmarsches an dem gedachten Tage folgendes:

a. Jede Kompagnie versammelt sich um 11 Uhr Vormittags vor dem Hause ihres Hauptmanns und begibt sich von da vor das Haus des Majors des Bataillons.
b. Von hier marschiert jedes Bataillon nach der Parade, wo um 12 Uhr die ganze Bürgergarde, so wie auch die Garnison versammelt ist, und von da zusammen durch die Stadt zum Burgtor hinauszieht.

c. Vor diesem Thor wird ein quarré formiert, dergestalt, daß das 1. Bataillon mit dem Rücken nach der Landstraße zu stehen kommt, das 2. mit dem Rücken nach der Stadt, das 3. mit dem Rücken nach der Trave und das 4. nebst der Garnison mit dem Rücken nach dem St. Gertruden-Kirchhof.
d. Nachdem hier das Lied: „Erhebet den Siegesklang" (Mel.: Heil dir im Siegeskranz) gesungen ist, wird das quarré geöffnet, herumdefiliert, und nach der Stadt zurückmarschiert.

Überreichung von Fahnenbändern an die Lübecker Bürgergarde 1863

Am 18. Oktober 1863, dem 50jährigen Erinnerungstage an die Schlacht bei Leipzig (1813), fand eine gemeinsame militärische Feier der Lübecker Bürgergarde und des Lübeckischen Kontingents statt. Bei dieser Feier hielt der Präses der Bewaffnungs-Deputation des Senates, Senator Dr: Curtius[2] die folgende Ansprache:

„An der vaterländischen Jubelfeier, welche Lübeck als ein Doppelfest heute begeht, mußten die Bataillone der Bürgergarde und des Kontingents um so gewisser sich beteiligen, als deren Ursprung in eben jene Zeit fällt, die der ruhmreichen Erhebung unseres Vaterlandes und dem Siege auf dem Leipziger Schlachtfelde unmittelbar folgte.

2 Nach dem Lebensbild „Bürgermeister Curtius" von Dr. Paul Curtius 1902, Verlag Springer, Berlin.

Zwar sind unter diesen beiden Korps nur noch einige wenige Veteranen, die an den Freiheitskämpfen vor 50 Jahren teilgenommen haben, und deren wir auch heute ehrend und dankend gedenken, allein der Ruhm und die Ehre der Väter ziert auch die Söhne. Was jene taten, werden diese auch wollen, und stets bereit sein zu tun, wenn es wieder gelten sollte, das Schwert zu ziehen für des Vaterlandes heiligste Güter, für Freiheit und Selbständigkeit."

Es folgte die Überreichung der Fahnenbänder. Die Bedeutung dieses Erinnerungstages ist auch heute noch nicht ganz verblaßt.

Zum 50jährigen Jubiläum der Lübecker Bürgergarde

wurde folgendes plattdeutsche, sehr ironisch gefärbte Lied gesungen:

Dat sünd nu grade föftig Jahr,
Genau am twölften Januar,
Da würr errricht' de Börgerwehr,
To stärken dat grot dütsche Heer.

Hellgröne Jäger geef dat all,
De wären da, so Knall und Fall;
De hahlten hier de Rusen in
Mit hohem patriotischem Sinn.

De Annern harr'n B. W. an' Hoth,
Doch Alle hochbegabt mit Mot;

Dat B. W. bi de Börgerwehr
Bequeften Manche henn und her.

De Eene sä: dat het Beerwacht,
Dat Beer makt munter und gift Kraft,
Een Anner leggt dat bäter ut
Und leest da „Broder Wehr di!“ rut.

Verschiedenes Kleed harr Jeder an,
Buntscheckig wär de Heeresbann,
Dat Ganze schamoreer sick so;
Welk güng mit Stäbeln, welk mit Schoh.

De Eene drög ’ne lange Bücks,
Den’n Annern klee de Kneehos’ fix;
Een Nankinhos’ maak ok veel Staat,
De Anner kreeg ne schwatte faht.

Nu würr ganz bannig exerceert
Und up dat Borgfeld manövreert.

Veer Batalljon, und denn noch een,
As de Reserve antosehn.

Geern makten se Paradeschritt
Vergnögt von ganzen Harten mit;
Wie schmeeten welk dat Beenwark fix,
Vorzüglich de mit kotte Bücks.

Een' Schuß güngn woll 'mal fröh herut,
Und nei mit sienen Ladsftock ut;
So wat geschäh woll mannigmal,
Dat maak uns gar keen Sorg noch Qual.

Denn Sturmmarsch harrn wie gräßlich 'rut,
Dabie kehm Alle ganz in Wut.
Harrn wie bi Leipzig mit hennkam,
Wie schlögen Alles krumm und lahm.

Nu kehm de blaue Rock heran,
Gen' Mütz, Cocarde vörenan,
Doch harr noch lang dat twete Glied
In Jack un Bücks 'nen schlechten Schick.

Da kehm uns Obristleutenant,
De ehrenvoll uns All' bekannt;
De hett den Waffendienst uns lehrt,
Und Alles praktisch umformeert.

Nu kehmen ok Feldjäger an,
Oll' Krieger, alle Mann för Mann,
Dat wär gewiß 'ne Seltenheit, –
De mehrsten schlapt in Ewigkeit.

Wie stün'n an' Cholera-Kordon,
Nich Eener von uns löp davon.
Wie willig sünd wie bi 'nen Führ
Und lopt uns fast ut Atem schier.

Und is mal hier een Volkskrawall,
Kahmt wie, so ward dat Speelwark all,
Denn hett de Saak bald End und Ziel,
Deit man dat blos in rechten Styl.

Nu is de Börgerwehr ganz schön,
Geschmackvoll, krieg'risch antosehn.
Wenn uns verlangt dat Vaterland,
Nehmt wie de Waffen geern to Hand.

W–r

Weitere Dichtungen.

Solcher Poesien wurden der Bürgergarde im Laufe ihres 53-jährigen Bestehens mancherlei gewidmet. Ein „Jubellied bei dem sonellen Aufzuge der Lübeckischen Bürgergarden und dem Empfang der neuen Fahnen am Jahrestage der denkwürdigen Kriegesschlacht bei Leipzig 1813, vollzogen den 18. Oktober 1813“ bezeichnet als den Zweck der Bürgergarde:

So hat auch nun des Höchsten Rat,
Nach alter Art, beschlossen:
Den Bürger- und den Bauerstand
Nach Ordnung zu bewaffnen,
Damit er kann, nach Kriegsmanier,

Nach Pflichten folgen dem Panier:
Dem Feind zu widerstehen.
Doch wird es mehr zur Wachsamkeit,
So wie bisher, geschehen,
Des Eigentumes Sicherheit,
Gefahren zu entgehen,
Erlebte Proben offenbar,
Die uns je setzten in Gefahr,
Die Ruhe sehr gefährten.

Ein weiteres Lied lautet im Auszug:

„Die Tyrannei der größten Art
Die's größte Unglück brachte:
Die ist beschränkt, recht wohl verwahrt,
Woran nicht jeder dachte.
Wer noch angehängt von Bonapart'
Der wird, gleich wie ein Leopard,
In Sicherheit befördert."

So geht es durch fünf Strophen weiter, ein Nachhall der Franzosenzeit. Die Verse, von dem Bürgardisten F. A. Lehmar „gedichtet", waren nur mit .....r unterzeichnet. Lehmar war seines Zeichens Chirurgus und wohnte in der Blocksdwasstraße, die ja auch etwas holperig ist. 1820 kam er auf den merkwürdigen Gedanken ein „Chanson pour les Gardistes, dedié à tous les Gardistes honorable, principalement à Monsieur H. Marty, Major du 1r Bataillon Gardistes" zu verfassen und drucken zu lassen, also ein Gedicht, gewidmet den honorablen Gardisten, hauptsächlich Herrn Marty, dem Major des 1. Bataillons. Es ist französisch ebenso zusammengestoppelt wie obige deutschen Verse. Vielleicht wollte er damit zeigen, daß er auch französisch sprechen, schreiben und „dichten“ könne.

Erinnerungen an die Lübecker Bürgergarde aus der Zeit um 1860

In seinen „Lebengerinnerungen“ erzählt der am 11. Dezember 1919 verstorbene Rentner, ehemalige Photograph Hermann Linde:

Die Bürgergarde bestand aus einem Bataillon, eingeteilt in vier Kompagnien. Die Stadt lieferte Käppi, Gewehr, Patronentasche und Bajonettscheide. Ein Bajonett wurde nicht geliefert. Die Montierung, bestehend in blauem Waffenrock mit roten Epauletts und blauer Hofe mit roter Biese, mußte jeder Gardist sich selbst halten.

- -

Ich wurde der vierten Kompagnie zugeteilt, und nun gingen die Übungen im Kriegshandwerk an. Die ersten Übungen fanden statt in einem großen Raum der alten Burgkirche, deren früheren Zweck ich nicht kenne, der jetzt als Turnraum für die Burgschule benutzt wird. Der Unterricht durch Unteroffiziere und Feldwebel zu Anfang geleitet, bestand in Gewehr auf und ab, rechts- und linkum. Es war für mich immer kein erfreulicher Tag, wenn diese Übung angesetzt war. Als Beispiel für die liebenswürdige Weise, mit welcher Major Ahrens auch diese Übungen überwachte, mag es dienen, daß ich, eines Tages zu spät kommend und mich bei ihm in einer dem militärischen Gebrauch widersprechenden Weise meldend, freundlich von ihm korrigiert wurde und dann mit den Worten: „Fünf Minuten zu früh ist nie zu spät“ entlassen war.

Die Übungen wurden auf dem Burgfeld in größerer Abteilung fortgesetzt und so die militärische Ausbildung ihrer Vollendung entgegengeführt. Da ich nicht Soldat gewesen war, waren mir diese Bürgergardistenübungen wenig sympathisch und ich muß gestehen, daß ich mir selbst in der Uniform und mit dem Gewehr bewaffnet sonderbar vorkam. Im Sommer gingen nun die Bataillonsexerzitien vor sich. Da ich mich nicht erinnere, jemals eine Bataillonsübung bei schlechtem Wetter erlebt zu haben, bin ich zur Überzeugung gekommen, daß diese vom Oberstleutnant immer nach Befragung des Wetterglases angesetzt worden sind. Mittags um 12 Uhr marschierte ein Tambour durch die Straßen und schlug Generalmarsch. Das bedeutete um ½4 oder 4 Uhr Antreten vor dem Hause des Hauptmannes. Mein Hauptmann war der Bäckermeister Klasse. Er wohnte in dem Hause Königstraße an der Ecke der Fleischhauerstraße. Nachdem die Kompagnie sich versammelt hatte, hielt der Feldwebel Appell ab. Leider mußte er fast jedesmal bemerken, „daß er einige sah, die nicht da waren“. Welche Strafen diese Nichterschienenen erhalten haben, weiß ich nicht. Es wird wohl bei einigen Vorwürfen und bei häufigeren Fällen Arrest gegeben haben. Nachdem nun das Bataillon von den Leutnants und Unteroffizieren ordnungsgemäß aufgestellt war, erschien der Herr Hauptmann vor der Front. Es erfolgte der Rapport des Feldwebels und nun hieß es: „Stillgestanden, rechtsum, in Sektionen abmarschieren“. Der Marsch ging nach dem Roberg. Dieser fälschlich später „Kuhberg“ genannt, der jetzige „Geibelplatz“, war damals ein leerer dreieckiger Marktplatz. Das Bataillon stand in kurzer Zeit aufmarschiert und nun erschienen Oberstleutnant, Adjutant und Major im kurzen Galopp vor der Front, die Hauptleute rapportierten, der Oberstleutnant übernahm den Befehl, und das Bataillon setzte sich in Bewegung. Voran vier Sappeure mit hellen gelben Schurzledern und Spaten an der Seite und blinkendem Beil über die Schultern. Welche Hindernisse diese Sappeure möglicherweise wegzuräumen berufen waren, ist mir stets schleierhaft gewesen, denn derartige Dinge lagen nicht auf unsern Wegen. Hinter den Sappeuren kamen die Trommler und die Musik, dann die berittenen Oberoffiziere, und so ging es unter Trommelschlag und Musik hinaus durch das Burgtor auf das Burgfeld.

Der Marsch bis dahin muß dem Kommandierenden jedenfalls als sehr anstrengend erschienen sein. Denn das Bataillon, dort angelangt, mit der Front nach Westen, erhielt von den einzelnen Hauptleuten die Aufforderung: „Wer will, kann fünf Minuten austreten". Es hat mich immer überrascht, wie viele der Gardisten das Bedürfnis hatten, an der Mauer des Gertrudenkirchhofes sich einige Augenblicke aufzuhalten, um dann wieder in ihre Kompagnie zurückzutreten. Nun begannen die Übungen der einzelnen Kompagnien. Der Oberstleutnant, Adjutant und Major verließen durch die Israelsdorfer Allee das Bataillon. Sie machten einen angenehmen Spazierritt durch das Schweriner Gehölz, um dann in dem Israelsdorfer Kaffeehause eine Ruhepause zu verleben.

Die einzelnen Kompagnien begannen nun ihre Übungen mit rechtsum, linksum, aufschließen, abschwenken usw., eine Übung, die besonders meinem guten Hauptmann Klasse am Herzen lag. Was ihm auch wohl sehr wirkungsvoll erscheinen mochte, war das Kommando „rückwärts durchgezogen“. Die Übung bestand darin, daß die Kompagnie, in zwei Gliedern stehend, vom rechten Flügel aus, das vordere Glied rechtsum und das hintere Glied linksum machend, zwischen der ersten und zweiten Linie hindurchmarschierend, am Ende wieder rechtsum und linksum machend, in bester Ordnung sich wieder vorfand. Hauptmann Klasse schmunzelte stets sehr vergnügt, wenn diese herrliche Übung gelungen war. Natürlich wurden auch Gewehrgriffe gekloppt, Gewehr auf, Gewehr ab, schultert das Gewehr. Am schönsten war es aber, wenn es hieß „Chargieren“, d. h. Laden. Man nahm aus der Patronentasche eine fingierte Patrone, biß die Papierhülse durch, natürlich in der Einbildung, schüttete Kugeln und Pulver in den Lauf, der Ladestock rammte die eingebildete Ladung fest, so daß er dann wieder mit Vehemenz aus dem Lauf herausfuhr und alsdann in die dazu gehörige Öse gesteckt wurde. Wir hatten Perkussionsgewehre, zu deren Abfeuerung natürlich Zündhütchen nötig gewesen wären. Da wir aber ebensowenig eine Pulverladung wie ein Zündhütchen besaßen, so wurden alle diese Griffe nur pantomimisch geübt. Sodann hieß es: „Legt an“ und „Feuer“. Ohne Ladung natürlich kein Feuer, aber die Sache klappte und es war sehr schön. Nachdem diese Waffenübung und das Exerzieren in der Kompagnie wohl etwa zwei Stunden gedauert hatte, ertönte das Kommando: „Wegtreten“, „Gewehre zusammensetzen“. Die Ruhepause war eingetreten und eine Art Fidelitas begann. Der Wirt des bekannten „Pockenhofes“ hieß damals Bräckwold. Er hatte sich für diese Ruhepause gut vorbereitet mit Bier und Butterbröten. Er machte dabei ein gutes Geschäft. Natürlich war eine große Zahl von Zuschauern, Kinder mit den betreffenden Müttern, angelangt. Ich habe ergötzliche Szenen erlebt, wenn z. B. die Ehefrau ihren im Waffenrock glänzenden Gatten unter den Arm nahm, dieser letztere wohl auch intime Verrichtungen an seinen Sprößlingen beobachtete oder bei denselben assistierte. Nach Verlauf einer halben oder dreiviertel Stunde ertönte sodann ein Trommelwirbel und das Kommando: „An die Gewehre". Die Ruhepause war aus, und der Ernst des Exerzitiums trat wieder an seine Stelle.

Ich kann mir nicht versagen, aus meinen Erlebnissen bei diesem Bataillonsexerzieren einige kleine Erinnerungen hierher zu setzen.

Die einzelnen Kompagnien waren unter Gewehr, der Feldwebel hielt eine Art Appell ab und entdeckte zu seinem Mißvergnügen, daß vier Mann in seiner Kompagnie fehlten. „Voß, Puttfarken, Möller und Krickhuhn, wo stecken die Kerls"? „Oh ick weht" sagte einer der Gardisten, „de sitt noch bi Stubbenhaß". Hinter dem Jerusalemsberg lag ein kleines Wirtshaus, „der Stubben" genannt, im Besitze des Wirtes Haß. Im Stubben wurde für einen Schilling das größte Butterbrot mit Schinken geliefert und en Ltften und Lütten, das heißt ein Glas Braunbier mit dazu gehörigem Kümmel, auch für einen Schilling. Stubbenhaß also hatte, wie man sich denken kann, von einer besonderen Klasse der Mannschaften großen Zuspruch. Der Feldwebel sandte nun einen Mann nach dem Stubben mit dem Befehl „hal de Kerls her". Dort saßen die betreffenden vier Gardisten bei einer Partie Schafskopf und hatten bei dem Kartenspiel, in das sie sich vertieft hatten, Trommel und den Ruf: „An die Gewehre" überhört. Sie stürzten eiligst ihrer Kompagnie zu, wurden mit einem Donnerwetter empfangen und einrangiert. – Nun sollte das Bataillonsexerzieren beginnen. Das Bataillon war, wiederum mit der Front nach Westen, aufmarschiert, und nach kurzer Zeit erschienen die berittenen Oberoffiziere; der Oberstleutnant sollte das Kommando übernehmen. Oberstleutnant Dr. Plitt und Adjutant Plessing hielten vor der Front. Major Ahrens, der ebenfalls sonst dort zu sehen war, fehlte. Es verging eine kleine Zeit in der Erwartung des Herrn. Ich stand mit meiner vierten Kompagnie auf dem linken Flügel; einige überall umherschauende Augen der Gardisten entdeckten plötzlich nach der Stadt zu einen Reiter. Es war Major Ahrens. Warum er diesen Umweg gemacht hatte, ist nicht zu entscheiden. Er kam allmählich näher, aber mit Unterbrechungen, denn der Major war mit seinem Streitroß in offenbarer Uneinigkeit. Major Ahrens besaß kein eigenes Pferd. Er lieh sich aus dem Reitstall von Kohlhase auf dem Lungen Lohberg den Schimmel, die alte Olga, deren Bekanntschaft ich auch gemacht hatte bei meinem früheren Reitunterricht daselbst. Wenn ein berittener Offizier vor die Front sprengt, so muß er dies in einem kurzen Galopp tun. Die Absicht des Majors war dieser hergebrachten Übung entsprechend, Olga aber war anderer Meinung. So war zwischen Reiter und Roß ein Streit entstanden, der sich zeigte, als der Reiter unserm linken Flügel allmählich in sonderbaren Sprüngen seines Gaules näher gekommen war. Ganz in der Nähe des Bataillons aber fand Olga die Bemühungen des Majors, sie in Galopp zu setzen, sehr unangenehm. Sie wendete sich mit einem gewaltigen Satz plötzlich der Stadt zu und jagte davon, sie ging durch. Dieser nur wenige Augenblicke dauernde Kampf zwischen Roß und Reiter hatte natürlich die Aufmerksamkeit des ganzen Bataillons erregt, und als nun der Schimmel der Stadt zujagte, sprang besonders unsere vierte Kompagnie aus dem Glied und starrte dem davonjagenden Reiter nach. Für die Liebe, die der alte Herr sich bei seinen Gardisten erworben hatte, sprach besonders mit Bedauern, das aus vieler Munde ertönte: „Wenn datt man god geiht", „kiek den Ollen, he piekt em ümmer mit de Sporen achternah". Andere riefen: „Wenn he upp datt Plaster kümmt, kann he sick ja de Been breken". Wie gesagt, im ganzen Bataillon herrschte die größte Bestürzung. Plötzlich sah man wiederum einen weißen Punkt. Der Schimmel erschien wieder, zu aller Freude hatte Major Ahrens den Durchgänger gebändigt und kam in einem wunderschönen Galopp vor das Bataillon gesprengt. Die Freude über das Wiedersehen machte sich in brausenden Hurrarufen Bahn und selbst der Oberstleutnant riß sein Käppi vom Haupt und brachte nochmals ein Hurra aus, in das das ganze Bataillon freudig einstimmte. An dem Abend hat das Bataillon so wunderschön exerziert wie wohl noch niemals.

War das Bataillonsexerzieren vorüber, dann wurde der Rückmarsch nach der Stadt angetreten in der Ordnung, wie beim Ausmarsch geschildert. Aufgefallen war mir schon früher bei diesem Rückmarsch, daß Major Ahrens innerhalb des Burgtores hielt und das Bataillon an sich vorüber marschieren ließ. Ein kundiger Thebaner gab mir eines Tages die Erklärung dieser auffälligen Tatsache. Major Ahrens kannte, wie schon vorher erwähnt, fast alle Gardisten mehr oder weniger genau. Er kannte auch seine Pappenheimer. Sein scharfes Auge überflog am innern Burgtor jeden Zug und jede einzelne Kompagnie, und wenn er wankende Schritte oder ein schwankendes Gewehr entdeckte, dann war ein kurzer Wink genügend, um den Träger dieses Gewehrs mit einem

Nebenmann vereint nach der Kaiserstraße, also links am Burgtor abweisend, verschwinden zu lassen, damit Ersterer beim Einmarsch in die Stadt nicht seine Bürgergarde verschimpfierte.

Natürlich wurde der Einmarsch des Bataillons von einer großen Kinderschar jubelnd begleitet. Der Marsch endete auf dem Marktplatz. Nach kurzer Zeit ertönte das Kommando „Wegtreten“ und der Marsch ging dann einzeln nach Hause zu der Häuslichkeit eines jeden.

Daß es bei dem aus verschiedensten Klassen der ganzen Bevölkerung zusammengesetzten Bürgergardistenbataillone nicht immer ganz glatt ging, kann man sich denken. Es kamen zuweilen wunderliche Erlebnisse vor, z. B.: Der Feldwebel rangiert seine Mannschaft und stößt bei dem Gardisten Voß auf hellen Widerspruch, als er in das zweite Glied eingestellt wird. Er meinte: „Ick mut bi min Fründ Möller blieben, datt is min Nebenmann.“ Auf die Frage des Feldwebels, warum Möller sein Nebenmann sein müsse, begründete er das damit: „Wi beide hebt doch tosamen een Buddel.“

Die Tätigkeit der Bürgergarde beschränkte sich außer den erwähnten Exerzitien auf den Abschluß der Straßen bei Feuersbrünsten. Außerdem hatte sie in den Zeiten, wo das Kontingent, also unser Lübsches Militär, zu Manövern ausgezogen war, die Torwachen zu beziehen. Ich selbst habe 1860 am Mühlentore Wachdienst gehabt und Schildwache gestanden. Es herrschte meistens unter der Wachmannschaft ein sehr munterer Ton und nach Erzählungen, die ich hörte, muß es auch, besonders an der Holstentorwache, zuweilen sehr arg hergegangen sein. Auf der Mühlentorwache war von derartigem nicht die Rede. Man konnte es sich aber so gemütlich machen, als man wollte. Ich hatte mir meinen Schlafrock nach der Wache bringen lassen, um warm und weich in der Zeit, in welcher ich keinen Dienst hatte, auf der Pritsche schlafen zu können. Am andern Morgen erbat ich mir von dem wachhabenden Unteroffizier Urlaub, ging nach Hause, um zu frühstücken und erschien verhältnismäßig spät, nach Anschauung des Unteroffiziers, auf der Wache. Dieser war in großer Aufregung und meinte: „Wenn nun der Major gekommen wäre, und die Wache wäre nicht vollzählig gewesen, was dann?“ Ich tröstete ihn damit, daß dies nicht geschehen war und damit war die Sache erledigt.

Im Jahre 1863 gelang es mir, den Abschied aus der Bürgergarde zu erhalten. Major Ahrens stellte mir allerdings in Aussicht, da ich seit einiger Zeit Unteroffizier geworden war, zum Leutnant ernannt zu werden. Ich erklärte ihm, daß ich mich mangels aller militärischen Eigenschaften nicht imstande sähe, diese verantwortliche Stelle auszufüllen.

Antreten zum Exerzieren auf dem Burgfelde

Wenn die Lübecker Bürgergarde am Nachmittag zum Exerzieren antreten sollte, wurde am Mittag 12 Uhr durch die Straßen getrommelt. Jeder Tambour hatte sein Revier. Dann mußte Muttern Acht geben ob der Tambour blaue oder weiße Hosen an hatte, ob Schnüre am Tschako oder nicht, denn darnach war die Uniform in Bereitschaft zu halten. Wenn der Gemahl nach Hause kam, war nicht viel Zeit über, denn mehr wie ein Viertel Tag durfte nicht versäumt werden. Acht bis zehn Mal wurde exerziert, wodurch immerhin schon 2½ Tagelohn eingebüßt wurden. Für die Mühe konnte Muttern mit den Kindern sich's dann auch nachmittags während der Exerzierzeit gemütlich machen bei Haß „up den Stubben“ oder auf dem „Poggenhof“. Dort wurde Kaffee gekocht, die Zutaten brachte sich jeder mit. In den Zwischenpausen wurden die Gewehre zusammengestellt und jeder Gardist suchte seine Familie auf und nun ging das Kaffeetrinken los. Die damals wirklich sehr schöne Bürgermilitär-Musik spielte in der beim Exerzieren gelassenen Pause und dadurch wurde die Freude noch erhöht. Einigen Gardisten die nicht Kaffee, sondern reichlich Bier oder Branntwein getrunken hatten, wurde das Exerzieren nach der Pause herzlich schwer, es kam vor, daß beim Einmarschieren Gardisten von ihren Nebenmännern in Balance gehalten werden mußten. Bei diesem militärischen Schauspiel amüsierten sich namentlich die Kinder sehr schön.

Bilder von der Lübecker Bürgergarde

Im Jahre 1837, bald nach der ersten Ausübung der Steindruckerkunst, erschien im Verlage von Gebrüder Borchers in Lübeck eine Serie von neun, von dem Kunstmaler C. Stolle gezeichnete Bilder der verschiedenen Waffengattungen und verschiedenen Chargen der Lübecker Bürgergarde. Die Bilder (in Größe von 30 x 40cm) waren schwarz in Kreidemanier gedruckt und später handkoloriert. Diese Originalbilder sind heute sehr selten. Die gleich en Bilder, jedoch in Postkartengröße, wurden 1899 von Gebrüdern Borchers herausgegeben. Diese Bilder sind hierneben in autotypischer Nachbildung wiedergegeben.

Offiziere und Mannschaften der verschiedenen Waffengattungen der Lübecker Bürgergarde

Umschlagtitel der Mappe von 1857
mit Zeichnungen von C. Stolle

Sappeure

Tambours

Musici

Offiziere

Erste Jäger-Kompagnie

Zweite Jäger-Kompagnie

Cholera-Kordon 1831

Die Montierung der Bürgergarde

Ende der 40er Jahre wurden die Tschakos und die großen Bärenmützen der Sappeure abgeschafft und Käppis dafür eingeführt. Auch die Spitzröcke mit Waffenröcken vertauscht. Rock und Hofe mußte jeder Gardist sich selbst anschaffen. Für Gewehr und Rock mußten 18 Mark Cour. bezahlt werden, 9 Mark wurden bei Ablieferung zurückbezahlt. Wer sich keinen Waffenrock anschaffen konnte, der konnte mit seinem Spitzrock sich, so lange seine Gardistenpflicht dauerte, behelfen. Dadurch gab's mehrere Jahre ein buntes Gemisch von Spitz- und Waffenrocken, was natürlich einen sehr komischen Anblick gewährte.

Bürgergardisten

Die Offiziere der Bürgergarde

gehörten den verschiedensten Berufsklassen an. Eine bis zum Jahre 1835 zurückreichende Liste weist die Namen folgender dem Handwerksstände angehörenden Offiziere auf:

1835: Hauptmann B. C. Borchers, Buchdruckereibesitzer, Leutnants: Uhrmacher Engels, Rotlöscher Brose, Brauer Schliemann, Töpfermeister Haense, Schuhmachermeister Rohde, Färber Kräuter;
1836: Leutnant: Schuhmachermeister Beythien;
1839: Leutnant: Schlachtermeister Ratze;
1843: Leutnants: Maurermeister Warncke, Malermeister Wendeler, Hutmachermeister Kröplin;
1845: Leutnant: Lohgerber Voigt;
1852: Hauptmann: Akzise-Einnehmer Stahl, Weinküfer Becker, Leutnant: Stellmacher Henze;
1855: Leutnants: Schlachtermeister Kohl, Grützmacher Stubbendorf, Buchbindermeister Roeper;
1857: Leutnants: Schneidermeister Schneider, Buchbindermeister Ehlert;
1859: Hauptmann: Buchbindermeister Heinrich;
1861: Leutnant: Töpfermeister Linde;
1863: Leutnant: Bildhauer Boy;
1864: Hauptmann: Gastwirt Gebers, Bäckermeister Klasse, Leutnant: Lohgerber Gläser;
1865: Leutnant: Schlachtermeister Bentien;
1867: Hauptmann: Schlachtermeister Schröder, Leutnants: Färber Martens, Hotelier Toepfer; Hauptmann: Buchhalter Wessendorf, Leutnants: Zimmermeister Krause, Maurermeister Conradi, Maurermeister Hammerich.

Das Musikkorps der Bürgergarde

bestand im Jahre 1818 aus 26 Mitgliedern (von denen 9 in Jägeruniform und 17 in der Uniform der Bürgergarde), die sich auf folgende Instrumente verteilten: 2 Flauti piccolo, 2 Klarinetten in Es, 4 Klarinetten, 1 do in B, 4 Klarinetten, 2 do in B, 3 Fagotti, 3 Hörner, 2 Trompeten, 2 Posaunen, 1 große Trommel, Glockenspiel, Becken und Triangel. Der Dirigent des Musikkorps war bis zum September 1815 der Theaterdirektor Leopold Löwe, ihm folgten in diesem Amte der Kaufmann Ludwig Müller und 1818 nach Erwählung desselben zum Senator Dr. Overbeck nach. Letzterer legte im Jahre 1822 sein Amt nieder, worauf Kaufmann F. Krüger zum Nachfolger erwählt wurde.

Offiziere, Unteroffiziere und Hautboisten der Lübeker Bürgergarde

Zu Pferde: Adjutant Schütt Major Ahrens Adjutanten

Musikdirektor Obertambour
Dr. Fischer Langhoff
Musiker Laudenbach

Unteroffizier Dr. Grube
Feldwebel Kindermann und Andere

Dieses Gruppenbild ist nach einer Zeichnung des Porträtmalers Friedr. Schmidt aus dem Jahre 1855, in den „Vaterstädtischen Blättern“ von 1902 wiedergegeben

Offiziere der Lübeker Bürgergarde vor der Auflösung der Bürgergarde

Städing Toepfer Tesdorpf Krause Conrabi Martens Hammerich Dittmer
Dr. Lindenberg Wessendorf Major Fink Dr. Kuhlenkamp Dr. Plessing Schröder Klasse u. A.

Unteroffiziere der Lübecker Bürgergarde kurz vor der Auflösung der Truppe

Brügge Ripp. Holdorff Wittur
S. Matthiessen Hamje Witter Peters Steuernagel
Sager Bammes Zietemann

Das Tambour-Korps der Lübecker Bürgergarde

Das Tambour-Korps war mit dem dumpfen Klang seiner großen Trommeln bei der Jugend besonders gern gesehen und jung und alt folgte der wackeren Schar, wenn es trommelnd dem Bataillon voranschritt. Bei dem

Heine Kalb Botz Ruge Kanis
Steenck Haren Jürtz

Trommeln fehlte es nicht an scherzhaften Auslegungen der Märsche. Mehrere dieser Trommelmärsche werden in dem Werk „Volks-und Kinderreime aus Lübeck“ von Schumann-Stahl (Gebrüder Borchers Verlag) erwähnt. Sie lauten:

Mi jammert dat Volk dat achter mi geiht,
De Lahmen, de krummen de Puckligen Hunn,
Ach fall doch man keener nich
Fall doch man keener nich
Rumm, bumm, bumm, bumm.

Einem weiteren Trommelmarsch ist nach derselben Quelle folgender Text untergelegt:

Dorodededo! Da kamt se all her,
De Scheben gaht achter, de Gliken gaht vör,
De Graden gaht bi de Sid bi an,
Dat man de Scheben nich sehen kann.

Vom Oberstleutnant Ahrens

Kommandeur der Lübecker Bürgergarde und der Lübecker Feuerwehr (1814 bis 1863)

Eine nicht unwesentliche Rolle bei der großen Volkstümlichkeit der Lübecker Bürgergarde spielt der im Oktober 1862 in den Ruhestand getretene Oberstleutnant Ahrens, der gleichzeitig die Stellung eines Kommandeurs der städtischen Feuerwehr inne hatte. Noch heute haben sich ernste und scherzhafte Redewendungen von „Major“ Ahrens, unter welchem Titel er am meisten bekannt war, erhalten. Bei seinem Rücktritt in den Ruhestand fand eine größere Festlichkeit statt, bei der unter anderen ein von dem damaligen Feilenhauermeister, späteren Geschirrmeister der Feuerwehr, Zietemann gedichtetes Lied bei der im „Tivoli“ abgehaltenen Abschiedsfeier gesungen wurde, aus dem auszugsweise die folgenden Strophen wiedergegeben seien:

Singt ein Lied, ihr Kameraden!
Von des Major Ahrens Taten,
Den wir unter uns heut’ sehn,
Der nun schon seit langen Jahren
Leitet Lübeck’s Bürgerscharen –
Die zum Schutz in Waffen stehn.

Oftmals ließ Er uns befehlen,
Daß man sollte Fünfe zählen
An der Uhr am Nachmittag
Da sollt‘ alles flink zu Beinen
Auf dem Kaufberge erscheinen
Sehr präzise auf den Schlag.

Wer zu lange ausgeblieben,
Wen die Eile nicht getrieben,
Hatte Er die Lehr’ bereit.
Und wir haben all‘ vernommen,
Daß man nie zu spät wird kommen:
„Eine Minute vor der Zeit.“

Keiner wußt’ wie Er die Sache,
Wie es auf der Bürgerwache

Oftmals pflegte herzugehn.
    Ach! Da köm' oft unverwahrens
Just de olle Major Ahrens;
Sah', was Er nicht sollte sehn.

Wenn der Feuerruf erschallte,
    Flamm' und Rauch zum Himmel ballte,
Wie es schrecklich uns bekannt
    Da, mit seinen Löschmannschaften,
Die sich fest zusammenrafften –
Major Ahrens dämpft den Brand.

So wird durch das ganze Lied die Tatkraft des Gefeierten gepriesen und das Bedauern ausgesprochen, daß er schon in den Ruhestand trete. Oberstleutnant Ahrens siedelte nach seinem Rücktritt aus dem Dienst nach Ratzeburg über und hier ist er auch verstorben. Auf dem höchsten Punkt des prächtig belegenen Soldatenkirchhofes auf St. Georgsberg hat er die letzte Ruhestätte gefunden. Sein hierneben wiedergegebenes Bildnis zeigt den alten Soldaten, der sich trotz hohen Alters große Schneidigkeit bewahrt hatte.

Auflösungsfeier der Lübecker Bürgergarde

Die Bürgergarde wurde am 27. Oktober 1867 aufgelöst. Die Auslösungsfeierlichkeiten wurden auf dem Burgfelde eingeleitet, das Bataillon nahm Aufstellung vor dem Pockenhof, hier wurde durch Syndikus Dr. Elder folgender Tagesbefehl des Senates verlesen:

„Nachdem vor länger als einem halben Jahrhundert die Freiheitskriege das deutsche Volk hatten erkennen lassen, daß in seiner allgemeinen Wehrhaftigkeit sein wirksamer Schutz liege, wurde, wie in anderen Städten des Vaterlandes, so auch hier, eine Bürgergarde im vollsten Umfange entsprochen. Sie hat zu jeder Zeit und unter allen Umständen die Dienste, welche von ihr begehrt wurden, auf das Bereitwilligste geleitet und selbst unter ungewöhnlichen Verhältnissen ihre tüchtige Haltung zu bewahren gewußt. Dafür zollt der Senat den Offizieren wie den Mannschaften – sowohl den gegenwärtigen, als den bereits entlassenen – seine volle Anerkennung und seinen aufrichtigen Dank. – Die großen Ereignisse des vorigen Jahres haben eine Organisation der Wehrkräfte des Norddeutschen Bundes herbeigeführt, mit welcher der Fortbestand unserer Bürgergarde nicht wohl sich vereinigen läßt. Senat und Bürgerschaft haben daher beschlossen, dieselbe mit dem ersten November dieses Jahres aufzulösen. Indem der Senat diesen Beschluß hiermit der Bürgergarde verkündet, bringt er zugleich zu ihrer Kenntnis, daß, in gerechter Würdigung ihrer Verdienste um unser Gemeinwesen, der so lange mit Ehren von ihr geführten Fahne ein Ehrenplatz neben derjenigen des aufgelösten Bundeskontingents in dem Sitzungssaal des Senates bestimmt ist."

Das Bataillon marschierte dann zur Stadt und nahm vor dem Rathause Aufstellung, um die Fahne abzubringen. In den Sitzungssaal des Senates wurde die Fahne unter den Klängen des Fahnenmarsches in Begleitung des Oberstleutnants und seiner Adjutanten, sowie der vier Hauptleute des Bataillons gebracht und dort mit einer der Situation entsprechenden Anrede durch den Oberstleutnant persönlich den beiden dort anwesenden Senatskommissaren – Herrn Syndikus Dr Elder und Herrn Senator Harms – überreicht. Der erste Senatskommissar nahm die Fahne entgegen und erwiderte mit einer passenden Gegenrede. Die Fahne des vormaligen Kontingents stand während dieser Feierlichkeiten enthüllt auf ihrem Ehrenplatze. Nach dieser Feier im Rathause entließ der Oberstleutnant Herr Dr. Kulenkamp das Bataillon auf dem Markt mit einem Hoch auf Lübeck.

Bei einer sich anschließenden geselligen Feier wurden einige lustige und ernste Lieder gesungen. Eines dieser Lieder schlägt einen etwas elegischen Ton an:

Was unser Stolz so manches Jahr,
Es muß dem Zeitgeist weichen;
Die wack're Hanseatenschar
Trägt jetzt ein and'res Zeichen.

Auch wir hier von der Bürgerwehr,
Zu Lübeck's Schutz geschaffen,
Strecken norddeutscher Landeswehr
Ohn' Widerred' die Waffen.

Anekdoten

Revision des Arrestlokals

Das Arrestlokal für die Bürgergarde war das jetzt nicht mehr vorhandene Wachlokal am Holstentor. Es stand in der Ecke, dicht hinter der Puppenbrücke – von der Stadt aus links. In der Wache waren mehrere Gardisten wegen eines Vergebens „eingespunt". Die Arrestanten hatten teils lange Weile, teils war ihnen an dem frischen Herbsttage auch der Aufenthalt in der dumpfen Arrestzelle unerquicklich geworden. Sie sehnten sich nach frischer Luft, vor allen Dingen ein paar Zimmerer unter ihnen. Diese an körperliche Arbeit in freier frischer Luft gewöhnt, empfunden das Drückende der schlechten Atmosphäre in Nummer Sicher, wie man hier sagte, am stärksten. Wie aber auf gesetzlichem Wege hinauskommen? Da erblickte ein findiger Kopf auf dem kleinen Plätzchen hinter der Wache aufgeschichtetes, aber noch nicht kleingemachtes Brennholz. Er rief zwar nicht, wie Archimedes „Heureka", denn er war ein plattdeutsches Volkskind; aber ob Archimedes seinerzeit mehr Freude empfand als unser Zimmergeselle bei seiner Entdeckung, bleibt noch dahingestellt. Nachdem er nun seine Leidensgefährten von der Idee unterrichtet, und von ihnen zum Sprecher erwählt war, wurde der Wachhabende herbeigerufen und ihm folgendes vorgetragen: „Unteroffizier! hier is dat kolt un vun dat Herümmsitten un Herümmliggen ward dat nich beter, könt wi nich en bitten herut un uns de Föt verpedden?" „Nee, Kinners, dat geiht nich!" erwiderte der Wachkommandant, „davör sind ji Arrestanten!" „Jä, Untroffzier, hebben Se sick man nich so, wenn Se man wulln, künn' Se uns doch woll sonn' lütt Stünn herut laten. Kiken's mal dor achter, datt Fürholt; wenn wi datt twei maken, denn hefft wi Bewegung; un wenn wi dormit farig sünd, denn kruupt wi werrer rin in dat Lock!" Der Unteroffizier war eine gutmütige Natur und nach einiger Überlegung gestattete er großmütig den Delinquenten, die von ihnen gewünschte Arbeit zu verrichten. Der Alte (Major Ahrens) wird wohl nicht kommen; mit dieser Hoffnung tröstete er sein dienstliches Gewissen.

Einige Stunden waren vergangen, Unteroffizier und Wachmannschaften hatte sie mit dem damals beliebten Kartenspiel „Scharwenzel" tot geschlagen, da plötzlich erschallte es: „Wache rrraus!" Der Alte war doch noch gekommen. Die Wache trat ins Gewehr, der Rapport wurde erstattet. Wie wurde aber dem Wachkommandanten als der Alte die Arrestzellen zu sehen begehrte, nachdem er vernommen hatte, daß Arrestanten anwesend seien. Er fand die Zellen natürlich leer. Auf die erstaunte Frage: „Wo find denn ihre Arrestanten, Unteroffizier?" ward ihm die Antwort: „Die sind draußen und machen Holz klein!" Gar zu gnädig hat er diese Antwort zwar nicht aufgenommen, allein die Geschichte hat weder für die Holzspalter noch für den Wachkommandanten unangenehme Folge gehabt. Ja, ja, wo sind die schönen gemütlichen Zeiten hin? Das war noch Poesie im sauren Waffendienst!

Ist Ihnen was an meiner Achtung gelegen?

Ein Bürgergardist erzählt: Es war im Oktober 1843, als ich am Sonntag nachmittag von einem Spaziergange nach Hause kam und zugleich mit mir ein Tambour der Bürgergarde eintrat mit der Meldung, daß um 7 Uhr die 3. Kompagnie, zu welcher ich gehörte, anzutreten habe und zwar im Posthofe am Pferdemarkt. Man nannte ihn damals so, weil nach der Erbauung der neuen Chausseen über Oldesloe die neuen Diligencen nach Hamburg von dort abgefertigt wurden. Ich war erst im Frühjahr als Gardist eingetreten und da der Tambour mich persönlich getroffen hatte, mußte ich parieren, sonst hätte ich vielleicht, da es Sonntag war, eine passende Entschuldigung gefunden. Die Kompagnie war zu dem Zweck, die Ruhe in der Stadt aufrecht zu erhalten, zusammengezogen, da diese in den letzten Tagen stark gestört worden war. Bei einem Offizier unseres Kontingents und ein paar anderen Herren hatte man die Fenster eingeworfen wegen vermeintlicher Unrechtfertigkeiten beim Militärdepartement.

Als die Kompagnie aufgestellt war, wurde der erste Zug von Leutnant B. geführt und nach seiner Rückkunft der zweite Zug unter Leutnant v. R. auf die Straße beordert; dieselben berichteten, nachdem sie den ihnen vorgeschriebenen Marsch beendigt hatten, auf Anfrage des Hauptmanns K., daß allerdings viele Leute auf den Beinen, aber keine Exzesse vorgekommen seien. Es wurde jetzt der dritte Zug unter Leutnant H., zu welchem ich gehörte, hinaus beordert. Als wir uns in Sektionen gefetzt hatten und „Marsch" kommandiert war, fing die letzte Sektion an mit solcher Kraft aufzutraffen, daß einige Hundert Jungen, die uns erwartet hatten, sich anschlossen und ebenso stark auftrafften, worauf der Leutnant

„Halt" kommandierte, an die zweite Sektion hinanlief und wütend fragte: „Wer trafft da?" Natürlich blieb alles still und als, er wieder „Marsch" rief, ging das Traffen in verstärktem Maße wieder an, da sich immer mehr Leute anschlossen und mit demselben starken Auftraffen mitmarschierten. Wiederholtes Haltenlassen nützte nichts, das Publikum hatte ein treffliches Amüsement und so kamen wir zurück. Auf die Frage des Hauptmanns, was vorgefallen sei, sagte der Leutnant: „Es ist nicht das Publikum, welches Unruhe stiftet, sondern die Patrouille", er berichtete den Vorgang und indem er mit dem Degen auf den Zug hinwies „und von hier ist es ausgegangen" – Die Kompagnie stand in Front aufmarschiert, da trat der Mann, auf welchen die Spitze des Degens gerichtet war, aus der Front auf den Leutnant zu und fragte: „Meenen Se mih, Herr Leutnant ?" Der Oberstleutnant, der Hauptmann und der Leutnant wollten den Mann wieder in die Front drängen, aber es gelang ihnen nicht. „Ick laht mih dat nich gefallen" usw., worauf Hauptmann A. sich dem Oberstleutnant näherte, dem er sagte: „Lassen Sie mich die Sache ordnen, ich kenne den Mann." Er ging zu ihm hin, legte ihm die rechte Hand auf die Schulter und sagte: „Mörker ist Dir an meiner Achtung etwas gelegen?" „Ne, gornix, Herr Hauptmann" Die Offiziere waren erstarrt, die Kompagnie kicherte. M. wurde mit zwei Mann nach der Hauptwache in Arrest gebracht. Am nächsten Tage wurde Kriegsgericht gehalten und ihm noch einige Tage Arrest diktiert.

Eine ähnliche Anekdote wird mit fast gleichem Dialog von einem betrunkenen Bürgergardisten erzählt. Auch diese Erzählung endet mit der Abführung des Gardisten in Arrest.

Sein Ofengeselle war krank

Auf der Holstentorwache befand sich unter den Mannschaften auch ein solcher, der in seinem „zivilen" Verhältnis Bäckermeister war. Dieser nun, ein Schlaumeier, hatte sich, um dem Schlafen auf den harten Pritschen zu entgehen, von dem gutmütigen Wachthabenden unter dem Vorgehen, daß sein Ofengeselle krank sei und er abbacken müsse, die Erlaubnis auszuwirken gewußt, die Nacht nach Hause gehen zu dürfen. Als unser Bäckermeister von der Wache fort war, müssen nun wohl bei der Mannschaft Zweifel an der Nichtigkeit der Angaben aufgestiegen sein – es wurde mitten in der Nacht eine Patrouille nachgeschickt. Die klopfte direkt im Backhause an, fand aber unsern Meister, der sich so arg zur Arbeit gedrängt hatte, nicht vor. Mit Beschleunigung wurde dann auch das Wohnhaus untersucht und unser Deserteur in Morpheus Armen im Bette vorgefunden. Wie sich von selbst versteht, wurde er dann im Triumph nicht ohne Schadenfreude von der Patrouille zur Wache zurück geführt und bekam natürlich zur Belohnung seine gehörige Anzahl von Strafposten. – Ja, ja, es ging stramm her, manchmal!

Wo wahnen Se Herr Hauptmann?

Ein Bürgergardist erzählt: Nachdem ich Bürger geworden und aufgefordert war, in die Bürgergarde zu treten, mußte ich mich im Frühjahr 1843, etwa eine Woche lang, morgens 7 Uhr in der Katharinenkirche einfinden, um mit andern jungen Bürgern vom Feldwebel Kindermann in der Handhabung des Gewehrs unterrichtet zu werden. Nachdem Hauptmann Ahrens dies genügend gesunden hatte, mußten wir in den nächsten Wochen, uniformiert, nachmittags auf dem Schützenhof erscheinen, um uns im Marschieren, Schwenken, Kehren usw. zu üben und als dies beendigt war, erschien zu einem Nachmittage der Hauptmann der 3. Kompagnie, Dr. Kulenkamp, ließ sich einige Übungen zeigen und nachdem wir wieder in Front standen, sagte er „Ich bin mit Ihren Leistungen zufrieden und erwarte, daß Sie bei den Bataillonsübungen, welche demnächst beginnen, dieselbe Aufmerksamkeit, denselben Eifer zeigen werden." „Morgen Nachmittag präzise 5 Uhr tritt die 3. Kompagnie in Paradeuniform vor meinem Hause an." Er steckte den Degen ein, drehte sich streng militärisch auf dem linken Absatz um (er nahm die Sache überhaupt ernst und würdig) und wollte gehen, da rief einer der neuen, noch in der Front stehenden Gardisten ihm nach: „Herr Hauptmann, wo wahnen Se". Er verzog keine Miene, drehte sich um und sagte: „Feldwebel K. es sind noch Leute in der Kompagnie, die meine Wohnung nicht kennen, machen Sie sie damit bekannt."

Nicht für den Ernstfall

Ein „alter Bürgergardist" erzählt: Als eine schneidige Truppe für den Ernstfall konnte die Bürgergarde wohl kaum betrachtet werden, doch lag die Schuld nicht allein an ihr, sondern daran, daß ihr die Mittel vorenthalten wurden, um kräftig einzugreifen, wobei ich nur an den Tag erinnern will, als nach Einführung der neuen Verfassung die Bürgerschaft zum ersten Male in der reformierten Kirche versammelt war und eine Rotte Aufrührer in dieselbe drang, die Türen von inwendig verschloß und verrammelte, auf den Boden und das Dach stieg und Steine auf die auf der Straße Versammelten warf und als das zur Hilfe gerufene Militär in der Pfaffenstraße Gewehr bei Fuß stand und den Dienst versagte und die Bürgergarde aufgeboten wurde, dieselbe machtlos in der Königstraße stand und sich die Steine auf die Köpfe werfen lassen mußte, weil man ihr freilich Gewehre, aber keine Patronen geliefert hatte.

Die Bürgergarde war im Schießen geübt; wir wurden in kleinen Abteilungen (etwa 2 Züge) nach dem Schützenhofe geführt und schossen aus etwa 60 bis 80 Schritt Distanz nach einer Scheibe worauf ein Soldat in Lebensgröße gemalt war und als ich bei meinem ersten Schuß denselben ins Bein getroffen hatte, erklärte Hauptmann Ahrens es als einen guten Schuß und ermahnte uns, nie auf Brust und Kopf zu zielen, weil dann zu viele Schüsse in die Luft gingen und es weniger darauf ankäme, den Feind zu töten, als ihn nur unschädlich zu machen. (?) – Wir schossen auch auf dem Burgfelde mit blinden Patronen; wir erhielten davon drei und verschossen die erste Zugweise, die zweite aus der Kompagnie und die dritte aus dem ganzen Bataillon, worauf die Gewehre nachgesehen wurden, ob noch etwas darin geblieben war. In der 2. Kompagnie, die neben uns stand, passierte dem Gardisten H. der sonst ein ganz guter Kerl, aber ein Soldat zum Verzweifeln war, daß die drei Patronen im Laufe stecken geblieben waren. Nachdem er vor die Front getreten und abgeschossen hatte, fiel er, ob durch den starken Stoß des Gewehres oder vor Schreck, hintenüber und wir erblickten ihn sitzend auf dem Burgfelde, sein Tschako war vorne über gefallen und es entrollten demselben zwei schön belegte Butterfemmel auf das Burgfeld. Ungeheure Heiterkeit.

Da sitten noch twee Schuß in!

Ein anderer Bürgerwehrschütze erzählt: Es ist Schießübung. Auf dem Burgfelde rechts von der Israelsdorfer Allee steht die Kompagnie zum Angriff bereit. Jeder Gardist hat fünf Platzpatronen erhalten. Soeben ist vom Feldwebel das Kommando zum Laden gegeben und mit gewohnter Pünktlichkeit werden die Patronen abgebissen, ein Teil des Pulvers auf die Zündpfanne gegossen (die Perkussionsgewehre wurden erst später eingeführt), ein Teil in den Lauf geschüttet und die Papierhülse als „Proppen" benutzt, das Ganze mit dem Ladestock in die richtige Lage gebracht, dann konnte die Kanonade beginnen. Drei Mal war so eine Salve in der Richtung nach dem damals noch gänzlich unbebauten kleinen Vogelsang abgegeben, als plötzlich ein Bürgergardist sein Gewehr zur Erde warf. Das gütliche Zureden des allbeliebten Feldwebels Kindermann, das Gewehr wieder. aufzuheben, fruchtete nicht. Der Bürgergardist weigerte sich, seine Muskete wieder anzufassen, unter dem Vorgehen, da säßen drei Schuß drin: „Ick fat dat Ding nich wedder an – nee! – nee!" Das war das Resultat der vorläufigen Verhandlung. Es mußte jetzt der als Magazinarbeiter mit der Waffenführung vertraute Tambour Horn antreten. Dieser reinigte das Zündloch, schüttete frisches Pulver hinein und schoß ab. Dann wollte er die Flinte seinem Besitzer zurück geben. Dabei kam er aber schlecht an, denn unser biederer Gardist erklärte allen Ernstes: „Dats ers' een, da sitten noch twee Schuß in!"

Wache raus!

In den fünfziger Jahren war das aktive Lübsche Kontingent „ins Lager" gezogen und die Bürgergarde hatte in dessen Abwesenheit die Wachen, auch die Burgtorwache, zu besetzen. In tiefem Frieden lag Wache und Straße. Plötzlich ertönte, als -wäre der Oberstleutnant nahe, der laute Ruf: „Wache – rraus!“ Die Wachmannschaft stürzte heraus und trat unters Gewehr, es erscholl ein Kommandowort, aber – der Posten hatte sein Gewehr mit dem Kolben auf die Erde gestellt und lachte, daß er sich den Bauch halten mußte. Was gab es denn? Statt eines Offiziers kam langsam von der Stadt her – eine Strelitzer Amme in ihrer bunten Nationaltracht, wie man sie vielfach in Lübeck sah, und vor dieser Amme hatte der Posten die Wache unters Gewehr treten lassen!

Später Einmarsch mit Musik

Unteroffiziere und Chargierte der Bürgergarde hielten alljährlich im Israelsdorfer Gehölz ein Sommerfest ab, bei dem nach der Scheibe und nach dem Vogel geschossen, auch sonst mancherlei Kurzweil getrieben wurde. Abends gings dann mit dem Hautboistenkorps der Bürgergarde an der Spitze, Männlein und Weiblein, im Zuge strammen Schrittes zur Stadt zurück. Nun waren die Wogen der Freude bei einem dieser Feste besonders hoch gegangen und anstatt, daß sonst die Musik vom Tor ab schwieg, wurde sie bei diesem Feste abends spät – nach 12 Uhr – veranlaßt, weiter zu spielen und mit klingendem Spiele gings bis zum Marktplatz hin. Die Veranlasser dieses fidelen Einmarsches, der die Bürger der friedlichen Stadt aus dem Schlaf des Gerechten aufschreckte, hatten ihr Attentat auf die gestörte Nachtruhe mit Arrest, in den von der Bürgergarde zu besetzenden Torwachen, in diesem Falle am Holstentor zu büßen. (Natürlich fideles Gefängnis!)

Ins Scharwenzelspiel bei Stubben-Haß vertieft

Das aus vier Kompagnien bestehende Bataillon der Bürgergarde hatte gerade wieder an einem schönen Aprilnachmittag auf dem bei Lübeck belegenen Burgfelde Marschübungen abgehalten und hatte, um Überanstrengungen der durchgängig aus Familienvätern bestehenden Elitetruppe vorzubeugen, ein Rendezvous abgehalten, bei dem kriegesgemäß die Gewehre sechs und sechs zusammengesetzt wurden. Entgegen der sonst üblichen Gewohnheit, eine halbe Stunde Rast zu machen, mußte es der Kommandeur, Major Ahrens, heute gerade eilig haben, denn er ließ bereits fünf Minuten vor Ablauf der gewohnten Zeit durch die Tambours das Signal zum Antreten schlagen. Alles eilte an die Gewehre und stand in kurzer Zeit in Reih und Glied. Nur eine Gewehrpyramide, bestehend aus sechs Feuerschloßmusketen, blieb übrig, ohne daß sich deren Eigentümer meldeten. Unteroffiziere, Feldwebel usw. waren in arge Verlegenheit, wo waren die Mannschaften? – Spurlos verschwunden, auf dem weiten Felde kein Käppi, keine Fransen-Epaulettes außer den schon angetretenen Kriegsknechten zu sehen. Da kam plötzlich der Mutter der Kompagnie, dem Feldwebel Kindermann, ein erleuchtender Gedanke: die sechs sitzen gewiß noch in der nahen Wirtschaft „Zum Stubben“ – bei „Stubben-Haß“. Eine Patrouille wurde abgeschickt, richtig: da spielte eben der Flügelmann der vermißten Sektion beim Scharwenzel die Spandillie (Kreuz-Dame) aus, denn in dieses edle Spiel hatten sich vier der tapferen Krieger vertieft, während zweie ganz andächtig kiebitzten (das war damals auch schon Mode). Nach einigem freundlichen Zureden des abgeschickten Marssohnes gelang es denn auch, die Krieger mit dem mehrmals wiederholten „Minsch kumm, de Oll de töwt“, zur Beendigung des interessanten, für den Flügelmann gerade gewinnbringenden Spieles, zu bewegen und sie zu der in aller Ruhe auf die sechs Deserteure wartenden Kompagnie zu bringen. Ein Rüffel des „Alten“ war zwar die Folge für die in ihr Kartenspiel vertieften Kriegsgenossen, doch hat die Sache sonst niemandem weiter Schaden getan.

Der verlassene Posten

Einstens hatten die Bürger die Mühlentorwache nahe dem Torschreiberhaus zu besetzen. Abends fanden sich Freunde zum Besuch beim Sperrwächter Prahl auf der Bank ein. Der Bürgergardeposten kommt auch, um sich die Zeit zu vertreiben. Mittlerweile ist es nach 10 Uhr. Da sagt der Posten: „Was stehe ich hier draußen, nun kommt doch niemand mehr“, geht zum Schilderhaus, stellt sein Gewehr hin und marschiert zur Wache hinein. Nach einiger Zeit sagt der Freund zu Prahl: „Es scheint da einer in der Allee herum zu schleichen“. Dazumal war es bei den alten Öllampen ägyptische Finsternis. Die schleichende Gestalt kommt allmählich näher, immer sich hinter den Bäumen deckend. Mit einem Male steht sie vor dem Schilderhaus und greift hinein, findet aber nur das Gewehr, trägt es hinter die Wache. Die Gestalt wendet sich nun zur Wache und dabei meint denn schon Prahl zu seinem Freunde, „das ist Major Ahrens, ach, herrje, das wird ein Spaß werden“. Mit einem Male stürzen die Gardisten heraus und unters Gewehr. Der Posten läuft zum Schilderhaus, da ist aber guter Rat teuer! das Gewehr ist fort! Der Hauptmann ihm auf dem Fuße nach und fragt, warum er sein Gewehr nicht präsentiert, ja sagt der Mann, mein Gewehr ist nicht hier und ich habe es hier eingestellt und es ist fort. „Na, das wird eine schöne Geschichte werden," spricht der Hauptmann „und Ihnen teuer zu stehen kommen, daß Sie Ihren Posten verlassen". Der Mann fängt an zu lamentieren und sagt: „Ich habe den ganzen Tag schwer gearbeitet, um meine Familie zu ernähren und war müde von dem Stehen." Der Hauptmann empfindet ein menschliches Rühren und holt ihm sein Gewehr wieder und sagt, „dieses würde ihm wohl eine Warnung für die Zukunft sein."

Ick will min Fru dat seggen!

Kurz vor Auflösung der Bürgergarde stand die Kompagnie angetreten vor der Wohnung ihres Hauptmanns, eines wohlbeleibten Schlachtermeisters. Als nun der Herr Hauptmann heraustrat und Anzug und Waffen einer Okularinspektion unterwarf, fand er, daß einer seiner Gardisten sein Gewehr nicht ordentlich geputzt habe. Natürlich verdiente dies eine Rüge, die dem Säumigen denn auch zu Teil wurde; aber in einer Form von solcher Milde, daß einem Kompagniechef das Herz gestockt haben würde. Auf den Gardisten schien die Gutherzigkeit seines Vorgesetzten jedoch wenig Eindruck zu machen. Ganz kaltblütig entgegnete er: „Jawoll Herr Hauptmann, ick will min Fru dat seggen, de hett dat Ding putzt".

Dat sünd Rostplacken

Vor der Inspizierung werden die Gewehre nachgesehen. Auf einem fand der Hauptmann Rostflecke. „Was ist das?" „Dat kennen Herr Hauptmann nich? Dat sünd Rostplacken".

Utrückt

An de Holstendoorwach weer de Börgerwach ünnert Geweer treden und de Lüd, de dor vorbi kömen, keken sick dat Spillwark an. Denn kummandierde Ünneroffizier: „Links um marsch!“ Tambur Lübb slög de Trummel un de Wach schöw af, de Meußlinger Schossee rup un nahn Rüterkroog, wo se inkeer. En halw Stunn later kümmt Hauptmann Ahrens an de Wach ran; de Posten präsentiert alleen un de Hauptmann seggt, worüm he denn de Wach nich rutropen hett. He seggt, dat nütz niks, dor weer keen Minsch binnen, de weren ut Door rutmaschiert. Hauptmann Ahrens geit nu in de Wach rin un töwt. Nah en halw Stunn hört he trummeln un richdig, dor kümmt de Wach werrer an; de Posten harr ehr al winkt, awer dat harrns nich verstaahn. Nu güng de Hauptmann rut un de Ünneroffizierer un de Lüd kriegen je en bannigen Schreck; „Präsentiert – das Geweer!“ röp awers gau de Ünneroffizier un nu snack de Hauptmann en poor drekantig Wör mit de Utrieters. Wieder is dor woll nicks na kamen. Hauptmann Ahrens weer nich so!

(Aus „Plattdütsche Sagen un Döntjes ut Lübeck“ von Aug. Düffer Gebrüder Borchers Verlag.)

Das Angeln an der Holstentorwache

Das Wachlokal am Holstentor lag „am Zingel“ bei der Puppenbrücke vorstadtseitig in einer Ecke, welche von der Brücke und dem Stadtgraben in der Richtung zur Moislinger Allee gebildet wurde. Von dem Wachlokal führte eine Treppe zum Wasserspiegel des Stadtgrabens hinunter. Unter den das Wachlokal besetzenden Bürgergardisten befand sich ein begeisterter Angler, der zuvor sein Angelgeschirr bereits zur Wache gebracht hatte.

Während es sich die Mannschaft beim Kartenspiel oder auf den Pritschen gemütlich machte, war unser fleißiger Angler unten am Fluß eifrig beim Fischen. Da erschien das Dienstmädchen aus seinem Hause mit dem langen „Menage-Korb", um dem Hausvater Essen zu bringen. Es gab gebackte Bütt. „Jungedi!" sagte der Gardist Z., „nu wollt wi uns mal en Spaß maken". Nahm einen der Butt vom Teller, während ein anderer unsern Freund Angler zum Essen rief. Der legte seine Angel sicher und eilte die Treppe herauf. Kaum saß er beim Essen, als es von draußen ertönte: „August, kam mal fix, dat bitt!" Das Essen in Stich gelassen, in der Hoffnung einen guten Barsch zu fangen, die Treppe hinunter, war die Sache eines Augenblicks. Die Angel hoch gerissen und siehe da, er fand an der Angel einen gebackenen Butt! Der Spaß wurde noch lange weiter erzählt, aber der Angler lachte mit.

1848

Am 8. Oktober 1848 hatte sich die Bürgerschaft in der Reformierten Kirche in der Königstraße versammelt, um die neue freiheitliche Verfassung zu beraten. Um den Anträgen der „Einwohner" (bisher nicht Bürger) Nachdruck zu verleihen, hatten sich diese in Scharen vor der .Kirche zusammengetan. Aus dem Gebäude gab es aber nur einen Ausweg, wenn man nicht, wie es auch einige Bürgerschaftsmitglieder taten, über die Dächer zur Breiten Straße klettern wollte. Für den zum Schutz der Bürgerschaftsversammlung kommandierten Zug der Bürgergarde galt es nun, den Eingang zur Königstraße frei zu machen von der lärmenden Masse auf der Straße. Im Gänsemarsch pürschte man sich von der Glockengießerstraße bis auf die Treppen des Eingangs vor, ein

Unteroffizier vorne. Kaum hatte dieser die oberste Stufe erreicht, da knallte sein Gewehr (die Unteroffiziere allein besaßen Munition) los. Die Menge stob auseinander. Plötzlich erscholl vom Dache eines jenseitigen Hauses der Ruf: „Schet nich hierher, hier staht Lüd".

Durch das Vorgehen der Bürgergarde war etwas Raum vor dem Hause geschaffen und nun trat der Wortführer der Bürgerschaft auf die oberste der vier ins Freie führenden Stufen und rief in die Menge hinein: „Lüd wat wöllt ji denn egendlich ?" „Wi wölkt Republik". „De hebbt ji ja all!" „Denn wöllt wi noch een!"

So scherzhaft, wie hier und auch in anderen Erinnerungen (Thomas Mann u. a.) erzählt wird, wenn den Beteiligten der Verlauf des lübeckischen Vorkriegsstandes geschildert wird, ist das natürlich nicht anzusehen. Es bedurfte langer Verhandlungen, um alle zu beruhigen.

Zur Verteidigung gegen übertriebene Scherze von der Bürgergarde

In einer Einsendung an die Vaterstädtischen Blätter im Jahre 1897 war ein offenbar erfundener Scherz erzählt, daß ein Mann in Pantoffeln in Reih und Glied erschienen sei und auf die etwas barsche Frage eines Vorgesetzten: „Kerl, wo kommen Sie in Pantoffeln her", erwidert haben soll: „Ja, min Stebel sind noch bi Se!" Darauf sollte der Vorgesetzte (Schuhmachermeister) erwidert haben: „Dann entziehen Sie mir nur nicht Ihre Kundschaft!" Diese etwas dick aufgetragene Anekdote hatte den Zorn von der Frau eines ehemaligen Bürgergardisten erregt, die behauptet, die Szene kann nur als Scherz erfunden sein. Hauptleute bei der Bürgergarde wurden nur die jungen gebildeten Kaufleute, Juristen und Mediziner (siehe aber

S. 46, Hauptm. Heinrich, Buchbinder Gustav Gebers). Sie waren dasselbe bei der Bürgergarde, was später die Reserveoffiziere bei der Linie sind. Die Bürgergarde war durchaus nicht so schlaff wie die Anekdoten schließen lassen. Die meisten der kleinen, oft getreu nach dem Leben erzählten Scherze sind auch nicht als Schlaffheit zu deuten, sondern sie illustrieren lediglich die Gemütlichkeit, mit der es bei der Bürgergarde herging.